Herzsprung

Kalp sızısı

Karin Babbe

Önel Verlag

Impressum:

Herzsprung / Kalp sızısı
Karin Babbe

Köln, Önel, 2006

ISBN-Nr.: 3-933348-44-7
Best.-Nr.: Ö8447

Gesamtherstellung und Vertrieb / Yapım, dağıtım ve sipariş adresi:
Önel Druck&Verlag-Köln
Silcherstr. 13, 50827 Köln

Telefon 0221 587 90 84
Telefax 0221 587 90 04

bestell@oenel.com
www.oenel.com

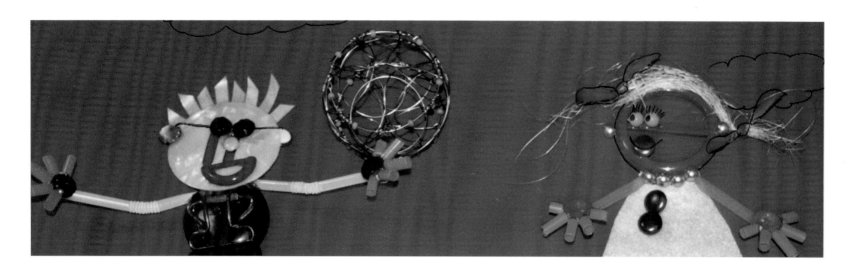

Ein deutsch-türkisches Kinderbuch
Text: Karin Babbe
Illustrationen: Babette Ponndorf
Übersetzung: Dr. M. Suha Işık

Jannis hatte Marike lieb. Marike hatte Jannis lieb. Und das war so, seit sie sich im Kindergarten vor vier Jahren kennengelernt hatten.

Yannis Marike'yi çok seviyordu. Marike de Yannis'i çok seviyordu. Ve bu dört sene evvel gündüzleri beraberce oynadıkları yuvada tanıştıklarından beri böyleydi.

Beide Kinder spielten so gerne zusammen, dass sie die Welt um sich herum vergaßen.

Her iki çocuk beraberce öyle sevinçle oynuyorlardı ki, etraflarındaki dünyayı tümüyle unutuyorlardı.

Doch das Tollste war, dass sie miteinander lachen und sogar ihren Kummer teilen konnten.

En güzeli ise birlikte gülüp, birlikte üzüntülerini paylaşmaları idi.

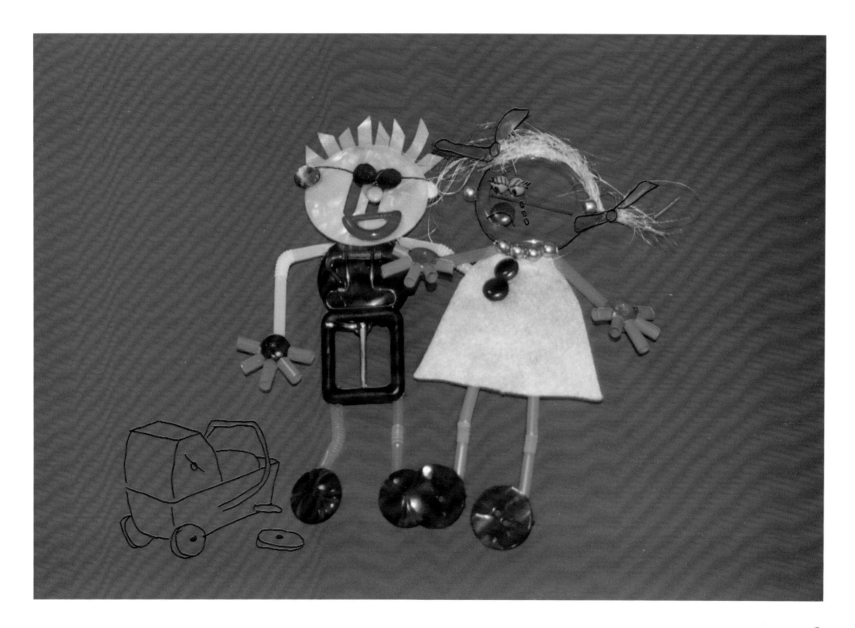

Nun waren Marike und Jannis schon groß. Bald kamen sie in die Schule. Darauf freuten sie sich. Sie wollten unbedingt nebeneinander sitzen.

Artık Marike ve Yannis büyüdüler. Okula gitme zamanları geldi. Her ikisi de buna seviniyordu. Mutlaka yanyana oturmak istiyorlardı.

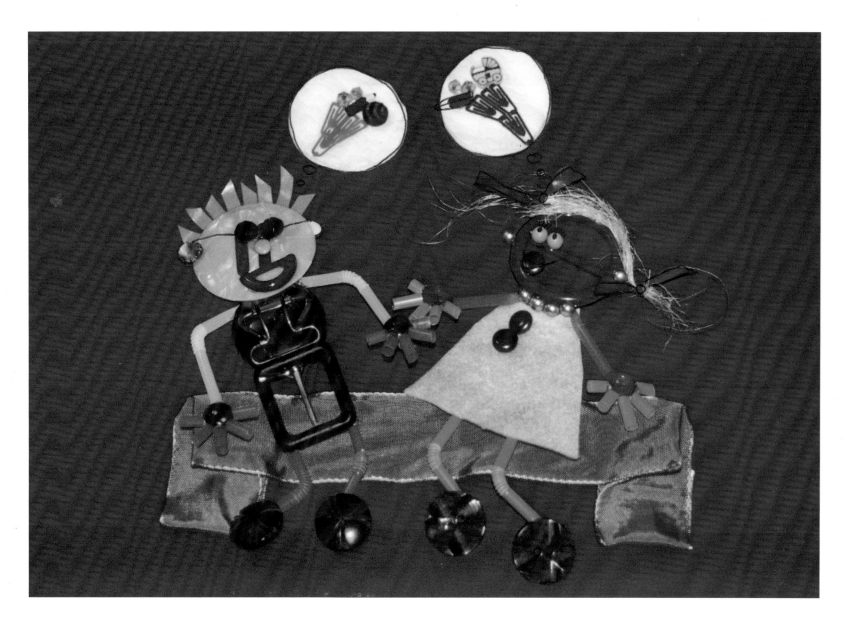

Doch seit einigen Wochen war alles anders. Marike hatte Jannis erzählt, dass sie mit ihren Eltern weit weg ziehen würde, in eine andere Stadt, viele hunderte Kilometer entfernt von Jannis.

Fakat bir kaç haftadan beri herşey farklı idi. Marike, Yannis'e ailesi ile birlikte uzaklara taşınacaklarını anlattı, başka bir şehire, Yannis'ten yüzlece kilometre uzaklara gideceklerdi.

Heute kam Marike zum letzten Mal in den Kindergarten. Von weitem leuchteten nur ihre roten Schuhe fröhlich. Marike war traurig wie Jannis. Sie wollte immer weiter mit ihm zusammen spielen können.
Aber sie wusste, dass das nicht möglich war.

Bugün Marike son kez yuvaya geldi. Uzaktan sadece kırmızı ayakkabıları parıldıyordu. Marike de Yannis gibi hüzünlüydü. Her zaman olduğu gibi hep onunla oynamaya devam etmek istiyordu. Ancak bunun artık olanaksız olduğunu biliyordu.

15

Die Kinder im Kindergarten feierten mit Marike ein Abschiedsfest. Sie hatten sich lustige Spiele ausgedacht. Zum Schluss schenkte jedes Kind Marike eine Erinnerung: ein gemaltes Bild, ein gebasteltes Tier, einen Stern und einen Stoffball.

Çocuklar yuvada Marike için bir veda partisi düzenlediler ve eğlenceli oyunlar tasarladılar. Sonunda her çocuk Marike'ye hatıra olarak bir hediye verdi; kendi yaptıkları bir resim, bir hayvan, bir yıldız ya da kumaştan bir top.

17

Als Jannis und Marike sich zum allerletzten Mal "Auf Wiedersehen",
"Mach's gut!" und "Tschüß" sagten, schenkte Jannis Marike einen Stein.
"Der wird dir beistehen, wenn ich nicht da bin."
"Und du, nimm meine Zaubermuschel. Lege sie an dein Ohr, dann kannst
du mich hören!", sagte Marike.

Yannis ile Marike birbirlerine son kez "hoşçakal", "güle güle" ve "görüşmek
üzere" dediler ve Yannis Marike'ye bir taş hediye etti. "Ben olmadığımda bu
hep senin yanında olacak."
"Sen de benim sihirli midye kabuğumu al. Kulağına dayadığında beni
duyarsın", dedi Marika. Sonra yola koyuldular.

19

Dann gingen sie fort. Sie winkten sich noch lange hinterher. Bis die roten Schuhe nicht mehr leuchteten.

Birbirlerine uzun süre el salladılar, ta ki kırmızı ayakkabılar parıltılarını yitirene kadar.

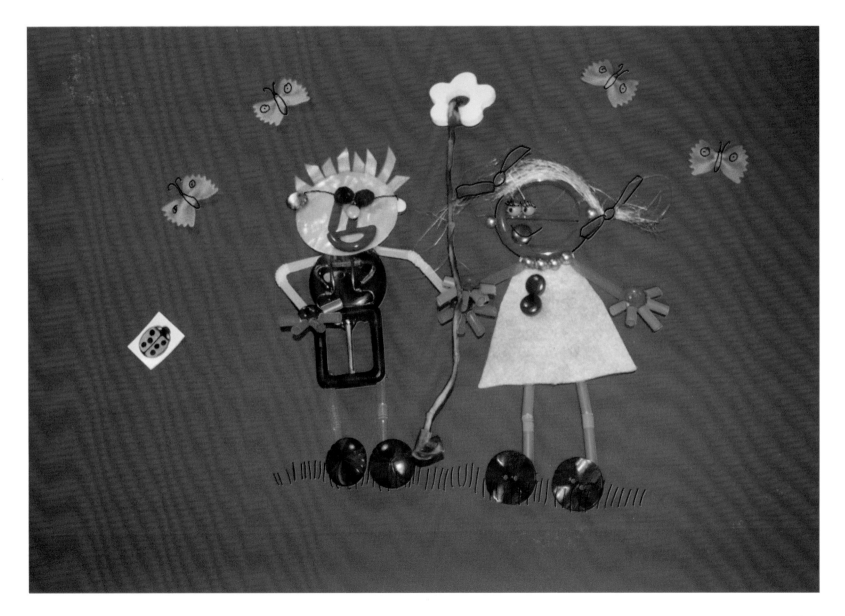

21

An diesem Abend konnte Jannis nichts essen. Keinen Bissen konnte er hinunterschlucken. Traurig saß er in seinem Zimmer und hielt die Muschel auf seinem Schoß.
Papa schaute herein. "Jannis, was ist los? Immer noch traurig?"
"Papa, ich glaube, mein Herz hat einen Sprung bekommen!" Jannis weinte in Papas Armen. Papa strich ihm über seine Stoppelhaare.
"Ja, Schatz, und das tut sehr weh."

O akşam Yannis hiç bir şey yiyemedi. Bir lokma dahi boğazından geçmedi. Üzgünce odasında oturuyor ve midye kabuğunu kucağında tutuyordu. Babası odaya geldi. "Ne var Yannis? Hâlâ üzgün müsün?" "Baba, sanırım benim yüreğimde bir sızı var!" Yannis babasının kollarında gözyaşı döküyordu. Babası onun kısacık kesilmiş saçlarını okşadı.
"Evet canım, bu aynı zamanda çok da acı verir."